AF601009

Vente des 13 et 14 Mai 1870

TABLEAUX

PROVENANT

Du Palais Manfrin, de Venise

ET APPARTENANT A

M. LE MARQUIS A.-M. PLATTIS

DE PADOUE

EXPOSITIONS

PARTICULIÈRE : Le Mercredi 11 Mai 1870

PUBLIQUE : Le Jeudi 12 Mai 1870

Mᵉ DELBERGUE-CORMONT	MM. DHIOS et GEORGE
COMMISSAIRE-PRISEUR	EXPERTS

PARIS — 1870

RENOU ET MAULDE
IMPRIMEURS DE LA COMPAGNIE DES COMMISSAIRES-PRISEURS
Rue de Rivoli, 144.

CATALOGUE

DES

TABLEAUX

ANCIENS

PROVENANT

Du Palais Manfrin, de Venise

ET APPARTENANT A

M. LE MARQUIS A.-M. PLATTIS

DE PADOUE

DONT LA VENTE AUX ENCHÈRES PUBLIQUES AURA LIEU

HOTEL DROUOT, SALLE N° 1

Les Vendredi 13 et Samedi 14 Mai 1870

A DEUX HEURES

Par le ministère de Me **DELBERGUE-CORMONT**, Comm[re]-Priseur, rue de Provence, 8,

Assisté de **MM. DHIOS** et **GEORGE**, Experts, rue Le Peletier, 33.

EXPOSITIONS

Particulière : Le Mercredi 11 Mai 1870

Publique : Le Jeudi 12 Mai 1870

PARIS — 1870

CONDITIONS DE LA VENTE

Elle sera faite expressément au comptant.

Les Acquéreurs paieront CINQ POUR CENT en sus du prix d'adjudication.

L'une des curiosités de Venise, journellement visitée par les étrangers, la plus remarquable des collections particulières de cette ville, c'était la galerie Manfrin, citée dans tous les guides d'Italie pour les richesses artistiques qu'elle renfermait.

Fondée vers 1748 par le marquis Jérôme Manfrin, elle passa en 1800 entre les mains du marquis Pierre, son fils, qui la transmit à la marquise Julie-Jeanne Manfrin Plattis. En 1848, à la mort de cette dernière, elle devint la propriété de ses deux enfants : la marquise Bortoline Plattis, veuve du baron Sardagna et le marquis Antonio Maria Plattis.

L'héritage maternel fut partagé en deux portions égales; d'après l'estimation et la division établies par les professeurs de l'Académie de Venise, MM. Taglia Pietro et Ferrari, ainsi qu'il résulte des procès-verbaux des 16 et 17 septembre 1861.

La part échue au marquis A. M. Plattis est aujourd'hui mise en vente par suite de sa détermination de quitter Venise pour fixer sa résidence à Padoue; elle comprend une série d'objets d'art et une collection de tableaux.

Les objets d'art seront vendus le 10 mai.

Les amateurs trouveront dans la galerie de tableaux des œuvres intéressantes dans toutes les écoles d'Italie et, parmi elles, quelques toiles de premier ordre. Pour éveiller l'attention sur cette collection, il suffit de citer les noms de Paul Véronèse, Bonifazio, Bassan, Jules Romain, Fra Bartolommeo, qui s'y trouvent dignement représentés.

Signalons aussi une œuvre des plus remarquables, une Descente de Croix attribuée à Raphaël.

Nous avons cru devoir conserver aux tableaux les attributions du catalogue de la galerie Manfrin, dressé par MM. les professeurs de l'Académie de Venise.

DHIOS et GEORGE.

DÉSIGNATION

DES

TABLEAUX

ÉCOLES D'ITALIE

ALBANI

(FRANCESCO)

1 — La Sainte Famille entourée d'anges.

Cuivre. — H. 30 c. L. 35 c.

BALESTRA

(ANTONIO)

2 — Vulcain remettant à Junon les armes pour Thésée.

Toile. — H. 1 m. 15. 1 m. 20 c.

BASAITI

(MARCO)

3 — La Vierge et l'Enfant Jésus.

Tableau signé en bas, à gauche.

MARCHÉS BAXAITI.

Bois. — H. 65 c. L. 50. c.

BASSANO

(JACOPO DA PONTE)

4 — Un Marché.

Tableau animé d'un grand nombre de personnages; beau spécimen du maître d'un coloris harmonieux et savant.

Toile. — H. 1 m. 32 c. L. 1 m. 95 c.

BELLOTTI

(PIETRO)

5 — Tête d'Expression.

Toile. — H. 53 c. L. 44 c.

BONIFAZIO

6 — Sujet tiré de l'histoire romaine.

Bois. — H. 18 c. L. 38 c.

BONIFAZIO

7 — Sujet mythologique.

H. 1 m. 70 c. L. 2 m. 75 c.

BONIFAZIO

8 — Sujet mythologique.

Toile. — H. 1 m. 73 c. L. 3 m. 6 c.

BORDONE

(PARIS)

9 — La Vierge, l'Enfant Jésus et sainte Madeleine.

Toile. — H. 108 c. L. 98 c.

BRONZINO

(ANGIOLO)

10 — Allégorie de la Charité.

Bois. — H. 132 c. L. 104 c.

BRUSASORCI

(DOMENICO RICCIO, dit le)

11 — Déposition de la Croix.

Marbre. — H. 42 c. L. 32 c.

CAGNACCI

(GUIDO CANLASSI, dit)

12 — Fulvie piquant la langue de Cicéron.

Toile. — H. 1 m. 15 c. L. 91 c.

CALIARI

(CARLETTO)

13 — Daniel dans la fosse aux lions.

Toile. — H. 27 c. L. 41 c.

CAMPAGNOLA

(DOMENICO)

14 — Le roi David.

Tableau cintré du haut.

Bois. — H. 110 c. L. 172 c.

CANALETTI

(ANTONIO)

15 — Vue de la place Saint-Marc, à Venise.

Toile. — H. 56 c. L. 76 c.

CARAVAGGIO

(POLIDORE DE)

16 — La Sainte Famille et sainte Cécile.

Toile. — H. 1 m. 20 c. L. 1 m. 57 c.

CARAVAGGIO

(MICHEL-ANGE AMERIGHI)

17 — Assemblée de joueurs.

Toile. — H. 1 m. 60 c. L. 2 m. 12 c.

CARLEVARIS

(LUCA)

18 — Port de mer italien.

Toile. — H. 53 c. L. 97 c.

CAROTTO

(GIOVANNI-FRANCESCO)

19 — La sainte Famille.

Signé au bas : I. F. CHAROTUS. P.

Bois. — H. 68 c. L. 56 c.

CAROTTO

20 — Scène de campement d'armée, personnages en costume du XVe siècle.

Bois. — H. 27 c. L. 33 c.

CAROTTO

21 — Guerriers au milieu d'un paysage.

H. 27 c. L. 33 c.

CARPIONI

(GIULIO)

22 — Bacchanale.

Toile. — H. 125 c. L. 121 c.

CARPIONI

(GIULIO)

23 — Bacchanale d'enfants.

Toile. — H. 77 c. L. 92 c.

CARRACCI

(AGOSTINO)

24 — Portrait d'un gentilhomme à mi-corps, de face, vêtement noir, collerette et manchettes à fraise. Il tient une statuette à la main.

Toile. — H. 108 c. L. 88 c.

CONEGLIANO

(CIMA DA)

25 — La Vierge tenant l'Enfant Jésus dans ses bras.

Dans le fond, on aperçoit une ville.

Bois. — H. 47 c. L. 38 c.

CONEGLIANO

(CIMA DA)

26 — La Vierge tenant l'Enfant Jésus sur ses genoux. Dans le fond, une ville.

Bois. — H. 47 c. L. 37 c.

CORRÈGE

(École du)

27 — Marie-Madeleine au désert.

Elle est représentée debout, vêtue d'une draperie bleue, le bras gauche accoudé sur un livre, et tenant dans la main droite un vase à parfums.

Bois. — H. 45 c. L. 35 c.

DAMIANI

(PIETRO)

28 — La Sainte-Trinité.

Cuivre. — H. 43 c. L. 32 c.

DIAMANTINI

(GIOVANNI)

29 — Portrait d'homme.

Toile. — H. 41 c. L. 35 c.

DOLCI

(CARLO)

30 — La Vierge, l'Enfant Jésus et saint Jean-Baptiste.

Toile. — H. 98 c. L. 80 c.

DURANTE

(Le Comte GIORGIO)

31 — Canards.

Cuivre. — H. 18 c. L. 20 c.

DURANTE

(GIORGIO)

32 — Volatiles.

Cuivre. — 30 c. L. 41 c.

DURANTE

(GIORGIO)

33 — Volatiles au milieu d'un paysage.

Toile. — H. 41 c L. 52 c.

FIDANZA

(FRANCESCO)

34 — Les Cascatelles de Tivoli.

Toile. — H. 74 c. L. 59 c.

FLORE

(JACOBELLO DE)

35 — Saint Bernard.

Bois. — H. 36 c. L. 21 c.

FONTANA

(LAVINIA)

36 — La Madeleine en prières.

Toile. — H. 69 c. L. 56 c.

FONTANA

(PROSPERO)

37 — La sainte Famille, saint Jean, saint Jérôme et sainte Catherine.

Bois. — H. 70 c. L. 56 c.

FRA BARTOLOMMEO

(DE SAN MARCO)

38 — Saint Jean l'Evangéliste.

Figure à mi-corps; la main appuyée sur son évangile. Peinture d'un grand caractère.

Bois. — H. 115 c. L. 95 c.

GENNARI

(BENEDETTO)

39 — Hérodiade.

Toile. — H. 1 m. 35 c. L. 1 m. 85 c.

GESSI

(FRANCESCO)

40 — Jésus et saint Jean.

Toile. — H. 47 c. L. 38 c.

GHISOLFI

(GIOVANNI)

41 — Lutteurs près de palais en ruines.

Toile. — H. 83 c. L. 103 c.

GHISOLFI

(GIOVANNI)

42 — Architecture et figures.

Toile. — H. 83 c. L. 1 m. 03 c.

GIORDANO

(LUCA)

43 — La Fortune.

Toile. — H. 1 90 c. L. 2 m. 03 c.

GIORDANO

(LUCA)

44 — Porcie se donnant la mort.

Toile. — H. 1 m. 05 c. L. 1 m. 20 c.

GUERCINO

(FRANCESCO BARBIERI, dit IL)

45 — Le retour de l'Enfant prodigue.

Toile. — H. 1 m. 35 c. L. 1 m. 70 c.

LAZZARINI

(GREGORIO)

46 — La Foi.

H. 1 m. 38 c. L. 1 m. 23 c.

LEONI

47 — Marche d'animaux.

Toile. — H 40 c. L. 53 c.

LIBERI

(PIETRO)

48 — La Vierge, l'Enfant Jésus, saint Antoine et saint Jean.

Bois. — H. 70 c. L. 53 c.

LIBRI

(GIROLAMO DAI)

49 — La Vierge en adoration devant l'Enfant Jésus qui tient un oiseau.

Toile. — H. 63 c. L. 47 c.

LITTERINI

(BARTOLOMMEO)

50 — Apollon et les Muses.

Toile. — H. 1 m. 20 c. L. 1 m. 55 c.

LOPEZ

(GASPARD, dit DAI FIORI)

51 — Fleurs.

Toile. — H. 18 c. L. 30 c.

52 — Pendant du précédent.

MARCHESINI

(ALESSANDRO)

53 — L'Adoration du Veau d'or.

Toile. — H. 62 c. L. 82 c.

MAZZA

(DAMIANO)

54 — Portrait d'homme, à mi-corps.

Toile — H. 85 c. L. 67 c.

MORETTO

(ALESSANDRO BONVICINI), dit le

55 — Le Christ au sépulcre.

Cuivre. H. 31 c. L. 24 c.

NAZZARI

(BARTOLOMMEO)

56 — Portrait d'homme.

Toile. — H. 50 c. L. 41 c.

PERUGINO

(PIETRO)

57 — La Vierge, l'Enfant Jésus et deux anges.

Bois forme circulaire. — Diamètre, 97 c.

PITTONI

(GIOVANNI BATTISTA)

58 — Un Sacrifice.

Toile. — H. 55 c. L. 64 c.

PIZZAMANO

59 — La décollation de saint Jean-Baptiste.

Bois. — H. 27 c. L. 21 c.

PORDENONE

(ANTONIO LICINIO, dit le)

60 — La Circoncision.

Toile. — H. 1 m. 10 c. L. 1 m. 30 c.

RAPHAEL

(Attribué à)

61 — Déposition de la Croix.

Intéressant tableau cité dans les Guides de Venise comme l'une des œuvres les plus remarquables du Palais Manfrin.

Bois. — H. 41 c. L. 30 c.

RÉNI

(GUIDO)

62 — Lucrèce.

Toile. — H. 95 c. L. 75 1 m. 18 c.

RICCI

(MARCO)

63 — Port de mer Italien.

Toile. — H. 1 m. 20 c. L. 1 m. 40 c.

RICCI

(MARCO)

64 — Mendiant auprès d'un palais.

Toile. — H. 39 c. L. 27 c.

ROMANO

(GIULIO PIPPI, dit GIULIO)

65 — L'Adoration des rois Mages.

Bois. — H. 48 c. 38 c.

ROMANO

(GIULIO)

66 — Pandore en présence de Jupiter.

Bois. — H. 1 m. 58 c. L. 2 m. 57 c.

ROMANO

(GIULIO)

67 — Le départ d'Adonis.

Bois. — H. 1 m. 61 c. L. 2 m. 40.

SALVIATI

(FRANCESCO)

68 — Sainte Famille.

Bois. — H. 39 c L. 37 c.

SANTE TITI

(DA BORGE SAN SEPOLCRO)

69 — Sainte Famille.

Bois. — H. 1 m. 38 c. L. 1 m. 08 c.

SARACINO

(CARLO)

70 — Le Reniement de saint Pierre, effet de lumière.

Toile. — H. 1 m. 08 c. L. 94 c.

SARACINO

(CARLO)

71 — Judith.

Toile. — H. 85 c. L. 75 c.

SAULLI

(GIOVANNI BATISTA)

72 — Le Triomphe de la Religion.

Toile. — H. 77 c. L. 57 c.

SAVOLDO

(GIROLAMO)

73 — Le prophète Elie.

Figure de grandeur naturelle.

H. 1 m. 74 c. L. 1 m. 40 c.

SCARSELLINO

74 — Le repos en Egypte.

Bois. — H. 28 c. L. 22 c.

SCHIAVONE

(ANDREA)

75 — Jupiter et Léda.

Bois. — H. 1 m. 06 c. L. 1 76 c.

SERVANDONI

(GIOVANNI-GIROLAMO)

76 — Palais en ruines.

Bois, forme ovale. — H. 45 c. L. 56 c.

SPADA

(LEONELLO)

77 — La Vierge montrant à lire à l'Enfant Jésus.

Bois. — H. 38 c. L. 47 c.

SQUARCIONE

(FRANCESCO)

78 — La Vierge, l'Enfant et un Religieux en adoration.

Toile. — H. 83 c. L. 70 c.

TEMPESTA

79 — Paysage avec figures et animaux.

Toile. — H. 70 c. L. 80 c.

TEMPESTA

80 — Paysage avec berger et troupeau.

Toile. — H. 35 c. L. 47 c.

TEMPESTA

81 — Paysage avec animaux.

Dans le fond, on aperçoit Mercure et Argus.

Toile. H. 95 c. L. 72 c.

VAROTTARI

(ALESSANDRO)

82 — La chasteté de Joseph.

Toile. — H. 82 c. L. 1 m. 17 c.

VERONÈSE

(PAOLO CALIARI, dit PAUL)

83 — Le Couronnement de la Vierge.

Très-belle esquisse terminée ayant servi à l'exécution d'une vaste composition.

Bois. — H. 69 c. L. 88.

ZAGO

(SANTE)

84 — Portrait d'homme en buste.

Toile. — H. 41 c. L. 28 c.

ZUCCARELLI

(FRANCESCO)

85 — Repos de Villageois.

Toile. — H. 53 c. L. 47 c.

ZUCCARO

(TADDEO)

86 — L'Assomption de la Vierge.

Cuivre. — H. 38 c. L. 28 c.

PECCHIO

(DOMENICO), de Vérone

87 — Paysage ovale.

Bois. — H. 37 c. L. 30 c.

ÉCOLE FLORENTINE

88 — Sainte Catherine.

Bois. — H. 64 c. L. 45 c.

ÉCOLES FLAMANDE, HOLLANDAISE ET ALLEMANDE

AGRICOLA

(CHRISTOPHE-LOUIS)

89 — Paysage.

Cuivre. — H. 33 c. L. 18 c.

BOUT et BOUDEWYNS

90 — Marché aux bestiaux près d'une église.

Composition animée de nombreuses figurines d'une exécution facile et spirituelle.

Bois. — H. 30 c. L. 41 c.

BLEES

(HENRI MET DE)

91 — Paysage montagneux traversé par un fleuve.

Au premier plan, la prédication de saint Jean.

Bois. — H. 38 c. L. 50 c.

BOSCH

(BALTHAZAR VAN DEN)

92 — L'Astronome.

Toile. — H. 50 c. L. 65 c.

BRAND

(JEAN-CHRÉTIEN)

93 — Paysage avec bergers.

Bois. — H. 18 c. L. 25 c.

DIETRICH

(CHRÉTIEN-GUILLAUME)

94 — Paysage avec pont rustique.

Toile. — H. 68 c. L. 85 c.

DURER ?

(ALBERT)

95 — La Nativité.

Bois. — H. 62 c. L. 52 c.

DYCK

(Attribué à VAN)

96 — Portrait d'homme.

Vu de face, en buste, avec une collerette à fraise.

Toile. — H. 66 c. L. 56 c.

DYCK

(École de VAN)

97 — Portrait d'homme avec collerette à fraise.

Toile. — H. 44 c. L. 38 c.

FLORIS

(FRANCK)

98 — Vénus et Adonis.

Toile. — H. 1 m. 08 c. L. 97 c.

GAEL

(BARENT)

99 — Marché aux chevaux.

Bois. — H. 45 c. L. 52 c.

HAMILTON

(CH.-GUILLAUME VAN)

100 — Insectes, reptiles, oiseaux et plantes.

Cuivre. — H. 31 c. L. 22 c.

HONTHORST

(GÉRARD)

101 — Jésus à Emmaus.

Beau tableau vigoureusement peint.

Toile. — H. 1 m. 37 c. L. 1. m. 84 c.

JORDAENS

(JACQUES)

102 — Les forges de Vulcain.

Bois. — H. 38 c. L. 48 c.

MARCELLIS

(OTTO)

103 — Reptiles, papillons et fleurs.

Bois. — H. 41 c. L. 56 c.

MIERIS

(GUILLAUME)

204 — Scène familière.

Cuivre. — H. 30 c. L. 25 c.

MOMMERS

(HENRI)

105 — Marché aux herbes sur une place d'Amsterdam.

Vaste composition avec quantité de personnages et d'accessoires.

Toile. — H. 1 m. 80. L. 1 m. 55 c.

MUSSCHER

(MICHEL VAN)

106 — Portrait d'un personnage hollandais dans son cabinet.

Toile. — H. 53 c. L. 53 c.

OSTADE

(ADRIEN VAN)

107 — Un Buveur.

Bois. — H. 28 c. L. 22 c.

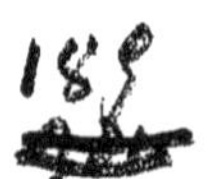

OSTADE

(ADRIEN VAN)

108 — Femme accoudée sur l'appui d'une fenêtre.

Bois. — H. 28 c. L. 22 c.

RITTER

(DAVID)

109 — Combat naval.

Bois. — H. 38 c. L. 70 c.

110 — Port de mer, pendant du précédent.

ROOS

(HENRI), de Francfort

111 — Le repos des bergers.

Bois. H. 39 c. L. 49 c.

ROTTENHAMER

112 — Le bain de Diane.

Gracieuse composition de nombreuses figures.

Bois. — H. 60 c. L. 1 m. 48 c.

SCHALKEN

(GODEFROY)

113 — Le Coucher, effet de lumière.

Bois. — H. 30 c. L. 25 c.

SEGHERS

(DANIEL)

114 — Guirlande de fleurs.

Toile. — H. 1 m. 29 c. L. 1 m. 02 c.

SEGHERS

(DANIEL)

115 — La Fuite en Egypte représentée dans une guirlande de fleurs.

Bois. — H. 70 c. L. 54 c.

SPRANGER

(BARTHÉLEMY)

116 — Prédication de saint Jean.

Toile. — H. 1 m. 04 c. L. 1 m. 40 c.

STOOP

117 — Combat de cavalerie.

Bois. — H. 22 c. L. 30 c.

SUSTERMANS

(JUSTE)

118 — Assemblée de Famille.

Bois. — H. 70 c. L. 82 c.

TAMM ou TANM

(FRANÇOIS-WERNER, dit)

119 — Bouquet de fleurs dans un vase en cristal.

Toile. — H. 47 c. L. 41 c.

TOL

(DOMINIQUE VAN)

120 — Vieille Femme tenant une cruche.

Toile. — H. 36 c. L. 30 c.

VOS

(SIMON DE)

121 — Portrait de jeune homme en buste, avec une collerette à fraise.

Bois. — H. 37 c. L. 29 c.

WILLAERST

(ABRAHAM)

122 — Marine avec vaisseaux de hauts bords.

Toile. — H. 76 c. L. 1 m. 23 c.

ZORG

(HENRI MARTIN, ROQUES dit)

123 — Intérieur de Ferme.

Toile. — H. 82 c. L. 1 m. 20 c.

ÉCOLE FLAMANDE

124 — Paysage avec cavaliers.

Cuivre. — H. 12 c. L. 24 c.

ÉCOLE FLAMANDE

125 — Portrait de Guillaume de Nassau.

Bois. — H. 63 c. L. 46 c.

ÉCOLE FLAMANDE

126 — Villageois conduisant un troupeau de moutons.

Toile — H. 41 c. L. 65 c.

ÉCOLE FLAMANDE

127 — Tête d'homme coiffé d'une toque rouge garnie de fourrure,

Beis. — H. 10 c. L. 9 c.

128 — Tête de femme, vue en profil.

Bois forme ronde. — Diamètre. 7 c.

ÉCOLE ALLEMANDE

129 — Paysage avec figures de chasseurs.

Cuivre. — H. 35 c. L. 47 c.

BOURDON

(SÉBASTIEN)

130 — Résurrection de Lazare.

Toile. — H. 38 c. L. 56 c.

VERNET

(JOSEPH)

131 — Paysage marine avec pêcheurs retirant leurs filets.

Toile. — H. 47 c. L. 62 c.

Renou et Maulde, imprimeurs de la Compagnie des Commissaires-Priseurs, rue de Rivoli, 144. 4399

www.ingramcontent.com/pod-product-compliance
Ingram Content Group UK Ltd.
Pitfield, Milton Keynes, MK11 3LW, UK
UKHW020459180726
13839UKWH00004B/1835

9 782329 502441